AF320762

Barreau de Paris.

DISCOURS

PRONONCÉ

À L'OUVERTURE DES CONFÉRENCES DE L'ORDRE DES AVOCATS,

LE 4 DÉCEMBRE 1841,

PAR M. MARIE,

BATONNIER DE L'ORDRE DES AVOCATS.

IMPRIMÉ PAR ORDRE DU CONSEIL.

Paris.

BUREAU DE L'OBSERVATEUR DES TRIBUNAUX,

RUE RICHER, 40.

1841

IMPRIMERIE DE GUIRAUDET ET JOUAUST, RUE SAINT-HONORÉ, 315.

DISCOURS

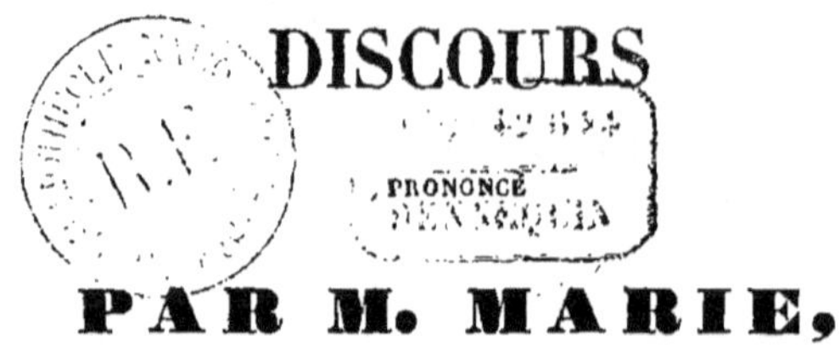

PAR M. MARIE,

BATONNIER DE L'ORDRE DES AVOCATS,

A LA SÉANCE D'OUVERTURE DES CONFÉRENCES,

LE 4 DÉCEMBRE 1841.

Aujourd'hui a eu lieu l'ouverture des conférences des Avocats à la Cour royale de Paris, au milieu d'un concours immense d'avocats qui refluait jusque dans les corridors.

A une heure, M. le bâtonnier a pris place au fauteuil, entouré des membres du conseil, et a prononcé le discours suivant :

« MES CHERS CONFRÈRES,

» L'année dernière, je vous ai parlé de la grandeur de votre mission comme avocats et comme orateurs, et j'ai dû, pour exciter votre zèle et animer vos jeunes courages, en dérouler à vos yeux tous les magnifiques aspects. En cela j'avais deviné vos sympathies, et vous m'en avez récompensé. Grâce en effet à l'ardeur, à l'intelligence de vos travaux, nos conférences ont pris une largeur, nos discussions une étendue dont j'aime publiquement à vous renvoyer tout l'honneur.

» Jamais je n'ai mieux compris que depuis que je suis au milieu de vous l'éclat de cette dignité à laquelle m'a élevé, pour la seconde fois, l'affectueuse estime du barreau. Jamais non plus je n'ai reposé avec plus d'orgueil mes regards sur la position que notre ordre s'est faite au sein de la société. Aussi est-ce de lui, de lui seul que je veux aujourd'hui vous parler encore. C'est sur sa destinée dans les temps anciens, dans le présent et dans l'avenir, que je veux appeler votre bienveillante attention.

» Et qu'on ne s'y trompe pas : il ne s'agit pas ici de flatter notre orgueil en faisant sonner bien haut et cette antiquité d'origine qui fonde la noblesse, et cette gloire des aïeux qui illustre et légitime son blason. Hommes de notre époque, nous avons accepté sans réserve l'égalité des conditions que la France a proclamée du haut de son génie.

» Mais il est permis à un Ordre comme le nôtre, qui a joué son rôle au milieu des institutions dont s'honore la France, d'interroger son histoire, de lui demander le secret de sa force, la preuve de sa légitimité, la cause de sa grandeur, et c'est là ce que je veux faire.

» Ce que j'admire dans l'histoire de notre Ordre, ce n'est donc pas son ancienneté, c'est sa constitution. Aussi, si, d'un côté, je le suis avec joie, à travers ses temps de courage et de gloire, et en marquant ses différentes phases de développement par les grands noms de ses orateurs, j'aime surtout à le saisir au moment où, dans la société, il prend sa place comme institution, et se pose, par l'admirable intelligence de son organisation, à la hauteur de toutes les institutions sociales. A ce point vue, il résume à mes yeux ce que l'esprit d'association peut concevoir de plus élevé et de plus profond ; il est un modèle, un type de centralisation et d'unité qu'il faut, dans l'intérêt même de notre patrie, je n'hésite point à le dire, conserver et mettre en lumière, car il proteste avec énergie contre les idées dissolvantes des sociétés modernes.

» Suivez-moi donc, mes chers confrères, suivez-moi sans hésitation : car, en vous parlant de vous, je ne prétends pas vous isoler ni vous perdre dans un individualisme que je repousse de toutes les forces de ma raison et de ma volonté.

» Et d'abord un coup d'œil sur notre histoire.

» Je ne vous parlerai pas de la Grèce : je n'aurais à vous citer de ce pays si beau par la liberté , si ingrat envers elle , que l'éloquence de ses orateurs , et, quelque orgueil que l'on puisse éprouver à rappeler la gloire de ses ancêtres, encore une fois , ce n'est pas d'elle que je veux vous entretenir aujourd'hui.

» Mais je vous parlerai de Rome , parce que, dans cette ville, l'association est déjà formée; parce qu'elle s'y développe avec son caractère, ses idées, sa discipline; parce qu'elle s'y manifeste enfin avec assez d'éclat pour qu'on puisse l'y contempler même au milieu des institutions resplendissantes qui l'environnent et avec lesquelles elle soutient de constants rapports.

» Qu'est-elle donc ?

» A ne la voir que dans sa vie extérieure et publique, c'est une réunion d'hommes forts de science , brillants par la parole ; philosophes profonds , et , entre tous, remarquables par la loyauté de leurs relations, la sûreté de leur commerce, la probité de leur vie professionnelle ; à tous ces titres, recherchés, honorés, applaudis.

» Mais allez au delà , quittez le théâtre , pénétrez dans la vie intime, et toutes ces individualités, déjà si puissantes par elles-mêmes , vous apparaîtront non pas isolées et distinctes, mais organisées, disciplinées , formant une société au sein de la grande société , une force centralisée au milieu de la centralisation. En cela le barreau obéit au génie de Rome : il se rattache à cet admirable enchaînement dans lequel toutes les institutions se groupent et se coalisent pour marcher, avec une merveilleuse harmonie, vers cette grande unité dont nous conservons le souvenir, mais dont nous cherchons encore aujourd'hui le secret et la puissance.

N'exagérons rien, toutefois, et reconnaissons que, dans la constitution du barreau romain, rien n'est complet encore. Déjà cependant s'y révèlent ces conditions d'âge, de capacité, de moralité ; ces devoirs de délicatesse et d'honneur, qui sont pour les professions, en général, un gage de succès, et une garantie pour les intérêts qui se confient à elles.

» Dès alors, aussi, il est en possession de cette idée du patronage qui, dégagée de l'esprit de suprématie et d'orgueil qui l'altérait dans les premiers temps de Rome, ne laisse plus au fond du cœur que des pensées d'abnégation et de dévoûment.

» Aussi voyez-le, fort tout à la fois et de son organisation et du mérite de ses orateurs, voyez-le tracer sa route au milieu de toutes ces grandeurs qui s'imposent si majestueusement à notre admiration : devant lui le patriciat incline son orgueil, l'empire sa puissance. C'est de son sein que sortent les législateurs, les magistrats, les censeurs, les dictateurs ; et quand ils ont, citoyens fidèles et dévoués, satisfait aux devoirs de leurs fonctions électives et temporaires, c'est encore à lui qu'ils reviennent, avec fierté, redemander cette indépendance qu'ils avaient un instant échangée contre les chaînes du pouvoir.

» Il marche ainsi, toujours grandissant, jusqu'au moment où sa gloire se résume magnifiquement et rayonne, pour l'éternité, dans un nom, l'un des plus éclatants de Rome républicaine. C'est là en effet son dernier et son plus sublime effort ; après quoi le despotisme impérial ouvre pour lui les temps de décadence et de persécution ; et bientôt, en effet, la mort violente de Papinien vient ajouter la palme de la vertu courageuse et martyre à la couronne d'éloquence que le barreau avait reçue des mains de Cicéron.

» C'est ainsi que, rehaussé par la gloire, persécuté par le pouvoir, illustré par la vertu, organisé par la discipline, notre Ordre fait son entrée dans le monde moderne. Il y entre comme y sont entrées toutes les institutions de l'Europe an-

cienne, en se faisant jour au milieu des ruines sous lesquelles
la barbarie aurait étouffé la civilisation, si la civilisation n'a-
vait fatigué ses efforts ; si l'esprit de vie n'avait, par son énergie
providentielle, refoulé dans le néant l'esprit de destruction.

» Maintenant, traversons, en courant, cet immense chaos
des invasions, champ de repos de l'Europe ancienne d'où
notre jeune Europe s'est élancée avec la vigueur d'une créa-
tion nouvelle. Suivons notre ordre au milieu du monde moderne, alors que la civilisation triomphante a repris sa marche progressive. Comme il s'est inspiré du génie des sociétés
anciennes, de même il s'inspirera du génie des sociétés
modernes. L'esprit démocratique vivra en lui, et, en son nom,
il marchera, d'un pas ferme et constant, à travers la féodalité
comme à travers la monarchie; vers les régions si long-temps
cherchées de l'égalité et de la liberté, terres promises et
toujours refusées à l'humanité impatiente.

» Ah ! sans doute, il entre encore dans sa destinée d'avoir
de pénibles luttes à soutenir : dans le pêle-mêle du moyen âge,
sa constitution ne pourra que s'altérer si même elle se ré-
veille au contact de l'individualisme, caractère essentiel de
cette époque. Qu'aura d'ailleurs à faire le barreau et son esprit d'association avec tous ces souverains, qui, sous les cal-
culs de leur personnalité ambitieuse, étoufferont même la
grande unité de Charlemagne? Qu'aura-t-il à faire avec une
justice sans intelligence et sans garantie? avec des juridictions
variables et variées comme le caprice? avec des débats sans
indépendance, sans moralité, et qui le plus souvent iront se
perdre dans l'arbitraire quand ils ne demanderont pas force
et victoire à la superstition? Contre de telles formes sociales
qui partaient de l'isolement pour se perdre dans l'anarchie,
les hommes voués au culte saint de la justice et des lois, dépositaires des vieilles traditions du barreau, conservateurs de
ses idées d'ordre et d'indépendance, ne pouvaient que con-
spirer et rappeler, dans l'intimité de leur cœur, le retour de

ces grands jours de la science et de la justice que l'étude re-
naissante de l'antiquité faisait luire à leurs yeux, tout à la
fois comme un souvenir et comme une espérance.

» Fatigués de la forme féodale, ils saluèrent donc le soleil
levant de la monarchie, plus humble alors et moins resplen-
dissant que ne le fut depuis le soleil de Louis XIV : ils le saluèrent comme on salue un progrès, avec effusion, avec foi,
mais sans se lier irrévocablement à ses réalisations.

» Assurément, Messieurs, la pensée dominante des juris-
consultes qui s'associèrent avec tant de dévoûment aux
luttes de la monarchie contre la féodalité fut surtout une
pensée politique ; toutefois on ne peut méconnaître que cette
lutte engagée par eux, principalement dans le cercle des
institutions judiciaires, n'ait contribué essentiellement, par
les nécessités même qu'elle fit naître, à réunir les hommes du
droit et à renouer ainsi la chaîne brisée des traditions. Aussi,
à la suite de cette transformation sociale qui, sous des mains
puissantes, recommence l'unité monarchique, l'association
des avocats reparaît-elle avec éclat.

» A mesure que la magistrature s'élève et que les parle-
ments grandissent, à côté d'eux s'élève et grandit notre ordre. Dans les jours de calme comme dans les jours d'orage,
ces deux institutions marchent sur la même ligne, professent
la même religion, pratiquent le même culte ; toutes deux
dignes et savantes, toutes deux nobles par le cœur, toutes
deux dévouées au pouvoir, mais fières et indépendantes, et
sachant, au besoin, préférer les remontrances sévères d'une
opposition courageuse aux conseils intéressés et peureux de
l'ambition personnelle.

» Et toutefois, bien qu'associées par le droit et par le devoir, par le travail et par le dévoûment, par l'intelligence et
par le cœur, elles restent, dans leur organisation spéciale,
séparées et distinctes ; et l'harmonie entre elles vient de ce
que leurs généreuses ambitions savent mutuellement se re-
connaître et se respecter. Sans doute, par intervalles, quel-

ques nuages viennent bien troubler cet horizon ; mais aisé-
ment ils se dissipent, car, dans ces querelles d'un jour, les
réparations sont accordées avec grandeur parce qu'elles sont
demandées avec dignité.

» A ce moment l'ordre existe donc, et cependant, comme
toutes les institutions de ce temps, il n'a point de titre à pré-
senter, point de constitution écrite. Qu'importe ? les faits historiques le proclament, et si l'on cherche sa raison d'être,
on la trouvera dans ce besoin d'ordre et de discipline que
fait naître et que développe l'étude philosophique des législa-
tions politique et civile, et dont l'intelligence affirme la néces-
sité et la légitimité. L'union formée, ne demandez pas d'où
sont sortis les droits et les devoirs de l'association ; ils sont
sortis tout-puissants et des traditions ressaisies du barreau
antique, et des nobles inspirations de tant d'hommes, l'orgueil de notre ordre, dont la science et la vertu ont religieu-
sement consacré les noms illustres.

» Et en effet, hiérarchie, indépendance, respect du droit
et du devoir, probité dans les relations, dévoûment dans le
patronage, discipline ferme et sévère, tout ce qui constitue,
en un mot, une organisation forte et vivace, est, dès cette
époque, volontairement, traditionnellement accepté par l'ordre des avocats ; et le fait y est si éclatant même, qu'on serait
tenté de se demander si les liens de notre association n'ont
pas été, depuis, plutôt relâchés qu'affermis par les lois qui
ont prétendu cependant les protéger de leur puissance.

» Ainsi vivait et se développait notre ordre, lorsque la
révolution de 89 éclata. Elle le toucha sans l'altérer. Les
traditions furent plus puissantes que les lois ; la profession
triompha de l'industrie ; on avait voulu la tuer par la léga-
lité, elle vécut par la moralité ; et plus tard, lorsque dans une
pensée de réorganisation, l'empire songea à rétablir l'ordre
des avocats, il le trouva debout au milieu des décombres, et
il n'eut, en quelque sorte, pour le constituer, qu'à formuler

ses lois, sous la dictée des hommes de cœur qui avaient préféré le joug vivifiant du vieux barreau à l'indépendance mortelle que la révolution leur avait trop libéralement offerte.

» Plus heureux si le pouvoir, nous laissant à notre énergie traditionnelle, n'eût point abaissé sur nous son regard ! La volonté impériale a laissé son empreinte, en effet, sur cette Charte qu'elle nous a octroyée; et, pour avoir conquis une constitution écrite, nous avons perdu quelque chose de cette indépendance qui, si long-temps, a fait la gloire de nos aïeux.

» Je viens d'esquisser à grands traits l'histoire de notre Ordre; ce qui me frappe surtout en lui, c'est sa persistance à travers les siècles et les révolutions. D'où vient donc sa force? Où a-t-il puisé le principe de sa durée? Croyez-vous qu'il les doive à quelques unes de ces destinées privilégiées et glorieuses qui, en parcourant une époque, laissent après elles un éclatant sillon dont la postérité recueille avec orgueil les magnifiques reflets ? Non : une individualité, quelle que soit sa grandeur n'a jamais eu et n'aura jamais tant de puissance. N'hésitons pas à le dire : sa force, la cause de sa durée, elles sont dans le fait même de cette association dont la vertu ne s'est jamais démentie, dont les liens ne se sont jamais relâchés, dont la discipline a toujours été reconnue, acceptée, obéie.

» Ce qui constitue une association forte et durable, Messieurs, c'est cette organisation qui, reliant en faisceau tous les droits individuels, laisse pourtant à chacun de ces droits sa liberté de mouvement, son énergie d'action, son indépendance; c'est ce parfait équilibre qui rend le contact inoffensif, la lutte harmonieuse; c'est cette grande voix de l'intérêt général qui, dominant toutes les voix isolées et égoïstes, les appelle à jouer leur rôle dans l'unité pour qui tout se meut, se coordonne, vers qui tout se dirige et se concentre ; voix impérieuse sans doute, mais dont le despotisme est accepté comme la liberté même, tant il y a de sagesse et de justice dans ses manifestations légales, tant est éclatante et saisissable sa légitimité toute rationnelle.

» Or ce sont toutes ces qualités éminentes et vitales qui ont fait la gloire et la prospérité de notre Ordre ; c'est qu'il y a, en effet, dans son organisation, un savant équilibre maintenu entre tous les droits ; c'est qu'on y a su merveilleusement concilier les intérêts privés avec l'intérêt général, l'individu avec le corps.

» Vous ne retrouverez là aucune de ces dispositions dont le vice rongeait le cœur des corporations anciennes que la civilisation a broyées dans sa course ; aucune de ces mesures qui enchaînent le génie, monopolisent le travail, classent capricieusement les facultés, condamnent la vigueur intelligente de l'élève à l'arbitraire paresseux du maître. En un mot, liberté dans la discipline, égalité dans la hiérarchie, individualité dans l'unité, tel est notre Ordre. Jamais, en vérité, on n'a mieux réalisé jusqu'ici le problème de l'association, et jamais non plus l'association n'a eu une destinée plus grande, plus morale, plus féconde.

» A nous, à nous donc, mes chers confrères, le droit et le devoir de la maintenir ; à nous le droit et le devoir de transmettre intact à l'avenir le dépôt que nous avons reçu si pur des mains de nos vieux maîtres.

Quand tout autour de nous s'isole, tombe et se brise, serrons nos rangs, et prouvons ainsi aux intérêts qui se suicident en se divisant que de l'association seule jaillissent la force et la vie.

» Le patronage est pour nous un devoir ; prouvons en l'exerçant largement, prouvons à l'égoïste que le dévoûment est aussi une puissance, et à celui qui, par sécheresse de cœur, nie la reconnaissance, qu'on peut toujours la conquérir quand on sait, à force de bienfaits, fatiguer l'ingratitude.

» Nous vivons sous une discipline sévère ; inclinons-nous

avec religion sous ses lois, et prouvons ainsi à l'indépendance anarchique ce qu'il y a de faiblesse dans ses rêves, ce qu'il y a de force dans nos réalités.

» Appelons à nous toutes les professions, toutes les industries, qui se dégradent et périssent sous le feu des guerres intestines; appelons-les, non pas certes pour nous parer à leurs yeux de je ne sais quelle noblesse ou quelle supériorité que personne ne songe à revendiquer, mais pour qu'elles voient comment, dans nos rangs, l'activité est en contact perpétuel avec l'activité, l'intelligence avec l'intelligence, sans cependant que l'harmonie de l'ensemble en soit jamais troublée; appelons-les, pour qu'elles se vivifient et se moralisent à l'ardeur de cette fraternité expansive et solidaire, dont l'action toujours vigilante concentre incessamment, dans l'intérêt général de l'Ordre, toutes les forces individuelles, intelligentes et morales. Action admirable, en effet, qui, dans son développement éternel, créant au profit de tous une solidarité de gloire et d'honneur, communique à la vertu qui chancelle la force de la vertu éprouvée, et fait reverdir par la sève d'une gloire qui commence la couronne vénérée d'une gloire qui s'éteint.

» Je ne sais, mes chers confrères, si l'amour que je ressens pour notre Ordre fait illusion à mon esprit; mais il me semble que, seulement à ce foyer, on pourrait retrouver une étincelle de ce feu sacré à l'ardeur duquel les sociétés naissent, grandissent et s'organisent.

» Il me semble que notre constitution pourrait servir de type à l'organisation de tous les travailleurs, à quelque sphère d'activité qu'ils appartiennent.

» Il me semble que, si, au sein de notre grande société, tous les intérêts identiques se classaient ainsi en corps tout à la fois disciplinés et indépendants, la morale individuelle y gagnerait en élévation et en pureté, et qu'enfin de l'union de ces corps distincts, mais moralisés, pourrait sortir une France nouvelle, qui, ressaisissant, dans l'harmonie même des intérêts privés, le secret, aujourd'hui perdu, de l'harmonie sociale, réchaufferait ainsi les intelligences sceptiques, les cœurs découragés, et redonnerait, en raffermissant les croyances ébranlées, de l'éclat et de la puissance aux grands noms de patriotisme et de nationalité.

» Cette idée n'est-elle qu'un rêve? Notre association, loin de briller comme un phare aux portes de l'avenir, n'est-elle elle-même qu'une dernière lumière qui s'éteint? Un germe de mort a-t-il déjà attaqué et flétri son organisation autrefois puissante et féconde?

» Non, non; et je m'empresse d'écarter de sinistres prophéties. Quand pour nous les devoirs du citoyen viennent agrandir encore les devoirs de l'avocat, quand notre organisation peut être et est à si bon droit l'objet de l'admiration et de l'envie, nous ne nous abandonnerons pas nous-mêmes; nous ne déserterons pas nos autels lorsque tant de professions, lasses d'une liberté sans limite, d'une indépendance sans vigueur, viennent y abriter leurs vœux et leurs espérances.

» Maintenant recueillons-nous, et, sous les inspirations mêmes de notre unité confraternelle, jetons un regard de souvenir et de regret sur les tombes qui se sont ouvertes; rattachons ainsi l'illustration qui vit ou s'élève à l'illustration qui disparaît.

» Cette année encore plus d'un confrère que nous aimions s'est séparé de nous.

» C'est Lafargue, qui, jeune encore, avait donné des espérances que la mort a trop vite effacées.

» C'est Pantin, ancien bâtonnier de notre Ordre, et qui dut cet honneur moins peut-être à l'élévation de son talent qu'à la pureté de son caractère et à la probité de sa vie.

» C'est Berryer père, votre doyen, avocat célèbre et dont le

nom a retenti avec éclat, pendant cinquante années , au milieu de toutes les gloires de l'ancien barreau et du barreau
moderne. A lui cependant moins de regrets qu'à tout autre :
car son nom brille encore et ne périra point.

« C'est Garnier-Pagès , orateur politique plutôt qu'avocat,
dont le nom a grandi sous les orages de la tribune. Honneur
à lui! car il a su prouver à toutes les opinions , qui cependant
ne se laissent pas facilement convaincre, que la démocratie
a aussi ses idées d'ordre, de modération, sa sagesse; et
qu'elle ne le cède surtout à aucun autre élément social quand
il s'agit de défendre la gloire , la dignité, les intérêts de la
France.

» Enregistrons ces noms dans nos souvenirs , conservons-
les dans nos archives , qu'ils s'ajoutent, pour l'illustrer encore, à l'histoire de notre Ordre.

» Heureusement, si des amis nous quittent, par une dou-
ce compensation un ami nous revient. Après une année
d'absence, Duvergier redemande à notre ordre et ces travaux
élevés , et cette indépendance professionnelle, et ces relations pures et intimes qui conviennent si bien à son esprit et
à son cœur. Enregistrons aussi cette bonne nouvelle.

» Et quant à nous, mes chers confrères , dépositaires d'un
passé glorieux, ouvrons d'une main ferme l'avenir à la gé-
nération qui s'élève.

» Possesseurs d'une organisation savante et toute sociale ,
soyons-en fiers ; voyons-la avec amour; aimons-la pour ses
droits, aimons-la pour ses devoirs ; gardons-la avec foi pour
nous, pour toutes les intelligences qui voudraient échauffer
à son foyer ce besoin d'ordre et d'unité qui les tourmente.

» Et toutefois, en communiquant à ce qui nous entoure
notre chaleur expansive et salutaire, gardons avec un soin re-
ligieux cette fraternité qui fait de tous les barreaux de France
une seule et grande famille. Elle n'exclut pas le patriotisme,
et elle nous mettra en garde contre cette fraternité univer-

selle, illusion généreuse, mais imprudente, qui n'a su jusqu'ici que détendre les ressorts de la nationalité. Si large
qu'il soit, le cœur de l'homme ne l'est point assez pour con-
tenir tant d'amour, et dans ce domaine comme dans celui de
l'intelligence, l'absolu et l'infini se refusent également à ses
aspirations ambitieuses. »

Ce discours a été accueilli, à plusieurs reprises, par des
applaudissements unanimes. M. Marie reçoit les félicitations
empressées des membres du conseil et de ses confrères.

La parole est ensuite donnée à Mes Jonau et Tenaille,
chargés de faire, l'un *l'Eloge de Tripier*, l'autre *l'Eloge
de Proudhon*.

(Extrait de *l'Observateur des Tribunaux*, journal des documents
judiciaires, tome VI, NOUVELLE SÉRIE. — Voir à la page suivante.)

PROSPECTUS. — 1841-1842.

L'OBSERVATEUR DES TRIBUNAUX,

Journal des Documents Judiciaires

POUR SERVIR A L'ÉTUDE

DE L'ÉLOQUENCE DU BARREAU, DE LA JURISPRUDENCE,

DES PASSIONS, DES MOEURS ET DE L'HISTOIRE;

PAR

EUGÈNE ROCH.

Nouvelle série — commençant par le tome Ier.

L'Observateur des Tribunaux date son existence de l'année 1833; il va atteindre la dernière livraison de son VINGT-ET-UNIÈME VOLUME.

Cette publication est le recueil des grandes affaires, des questions capitales, des belles plaidoiries, — partout où ces éléments se présentent,—à toutes les juridictions : criminelle, civile et commerciale, — devant les Cours ou les Tribunaux.

Les plaidoiries, recueillies par la sténographie, sont soumises à la révision des avocats. Il en est de même des conclusions et réquisitoires du ministère public, et au besoin des résumés des présidents d'assises. — Des appréciations préliminaires et des documents accessoires complètent les causes, de sorte que chaque procès devient une œuvre spéciale.

Encouragé dès son début par le Conseil de l'ordre des Avocats, et seul consacré à ce genre élevé de reproduction, ce Recueil put prendre place presque aussitôt dans les bibliothèques des Cours de justice, des Assemblées politiques, des Cercles littéraires, et dans celles des Magistrats, des Avocats, Avoués, Notaires, etc. — Considéré sous un autre point de vue , en quelque sorte comme *l'œuvre littéraire* du Palais , le répertoire des documents historiques révélés par les débats, l'histoire des passions, des mœurs, des grandes vicissitudes industrielles ,—il a trouvé de même accès dans les bibliothèques de nombre de personnes qui ne s'y rattachent par aucune exigence de spécialité, mais par l'avantage de posséder, au milieu du déluge de livres d'imagination qui nous inonde, un ouvrage fait avec soin , nous pouvons le dire ; où tout importe, parce que tout y est vrai ; dans lequel, sérieuse ou légère, grave ou piquante, c'est de la réalité qu'on s'occupe , et parce qu'enfin il contient les documents les plus positifs et les pages les plus éloquentes sur les sujets et les questions de nature à nous intéresser le plus vivement.

Il serait superflu, alors qu'il ne reste plus qu'un petit nombre de collections de la *première série*, de rappeler toutes les grandes et importantes causes qu'elle renferme, et les noms des avocats célèbres qui en font le prix.

C'est ce petit nombre des collections qui a engagé l'administration de *l'Observateur des Tribunaux* à prendre un nouveau point de départ, afin de pouvoir étendre et compléter le cercle de ses abonnés, surtout dans quelques départements où elle avait négligé de le faire connaître jusqu'à ce jour.

Une nouvelle série a donc commencé avec l'année 1840, par le tome 1er, et se trouve avoir atteint présentement (novembre 1841) son sixième volume. Déjà elle renferme des documents du plus haut intérêt, entre autres la réunion de tout ce qui a été écrit et délibéré sur la question de Révision du procès du maréchal Ney (1).

---

(1) Ces matériaux ont été rassemblés à l'occasion de la réception du prince de la Moscowa à la chambre des pairs. Ce sont (outre les débats de la chambre des députés, la requête au roi, et le rapport du garde-des-sceaux, M. Barthe): de curieux et remarquables mémoires et consultations de MM. Dupin aîné, Marie, Crémieux, Delmas, Odilon-Barrot, Dupont (de l'Eure), Mérilhou , etc. C'est un ensemble complet de faits, de précédents et de discussion sur une double question d'avenir prise dans un sens général : la révision des arrêts criminels et la réhabilitation du condamné par l'anéantissement de la condamnation.

Nota. Il reste si peu d'exemplaires des collections de la 1re série, que nous avons dû nécessairement la maintenir au prix d'abonnement (15 volumes ; prix : 100 fr.).

Parmi les procès qu'elle contient, il en est un surtout d'un tel intérêt, et recueilli avec tant de soin, que les jeunes gens arrivés au stage s'empressent tous de l'acquérir : car il offre des modèles aussi bien pour le magistrat que pour l'avocat. C'est le procès d'*Emile de la Roncière*.

Depuis long-temps l'édition était épuisée; la réimpression de plusieurs feuilles vient de nous permettre d'en livrer encore quelques exemplaires au public. (Prix : 6 fr., et par la poste, 7 fr. 50 c.)

CONDITIONS DE L'ABONNEMENT.

L'Observateur des Tribunaux, imprimé en caractères neufs, sur très beau papier, paraît du 10 au 15 de chaque mois, par numéro d'au moins *cent pages* in-8°, formant trois volumes par an, avec table analytique.

Le prix de l'abonnement *pour l'année* est :
Pour Paris. . . . . 20 fr.
Pour les départements (franc de port). 25

Les premières années, brochées en volumes, se vendent au prix d'abonnement.

ON S'ABONNE :

AU BUREAU, RUE RICHER, N° 40 ;

Chez tous les Libraires, et dans tous les Bureaux de Poste, des Messageries Royales et des Messageries Générales.

(Les abonnements partent du mois de janvier, et l'on ne peut demander que l'année entière. — Tous les envois DOIVENT ÊTRE AFFRANCHIS.*)*

Il suffit d'adresser par la poste la demande d'abonnement; l'administration fait toucher à domicile. En demandant à la fois les deux années d'abonnement 1840 et 1841, on ne paiera que le port d'une année, par conséquent 5 fr. de moins.

Imprimerie de GUIRAUDET et JOUAUST, rue Saint-Honoré, 315.